par Racine

AU ROY
ENTRANT A PARIS
A SON RETOUR DE METZ.

'ARDEUR de mes desirs n'aura donc plus besoin La Ville parle.
De ces * Courriers si lents, attendus de si loin.
Il arrive; il approche, & je le vois paraître :
Oüi c'est à ses genoux que je parle à mon Maître.
Ah! que tu m'as coûté de soupirs & de pleurs!

PARDONNE au souvenir de mes longues douleurs,
Si tu vois dans un jour pour moi si plein de charmes,
Mes yeux encor mouillés par un reste de larmes :
Quoiqu'une vive joie eût arrêté leur cours,
Quoique tranquille enfin, je soupirois toujours.
Non, toute ma vigueur ne m'étoit point rendue;

---

* On avoit établi entre Paris & Metz une chaîne de Courriers pour satisfaire, autant qu'il étoit possible, un peuple impatient d'apprendre des nouvelles de la santé du Roi.

Mais tes heureux rayons qui brillent à ma vûe,
Font tout-à-coup sur moi ce que fait le Printems
Sur un champ que l'hyver a défolé long-tems.

Je t'aimois, tu le sçais, dès ta plus tendre enfance :
Tu me récompensois de ma persévérance
Lorsque j'ai cru te perdre. Hélas ! qu'un bien perdu
Devient plus cher encor quand il nous est rendu !
Je te revois : que dis-je ? à mon impatience
Tu reviens par tendresse accorder ta présence :
Dans mes murs c'est l'amour qui ramene mon Roi.
Ah ! de tant de Cités la reine c'est donc moi.
La Ville qu'il cherit, oüi, j'ai droit de le croire,
C'est moi. Contemplez tous celui qui fait ma gloire ;
Accourez, Citoyens...... mais ils vont l'entourer ;
Jusques à son Palais pourra-t'il pénétrer ?

O mon Roy, cette foule est ta Cour la plus belle :
Et quelle ambition, quel intérêt l'appelle ?
De graces, de fortune, a-t'elle quelque espoir ?
Elle n'attend de Toi que le bien de te voir.
Goûte, en perçant ces flots, le plaisir véritable.
Ta garde n'est ici qu'un cortége honorable,
Pompe que ta grandeur doit toujours t'attacher :
Mais l'amour est ta garde, & tu ne peux marcher
Qu'environné des cœurs d'un Peuple qui t'adore,
Dont le bonheur t'occupe, & t'occupoit encore,
Dans quel instant ? la mort te prenoit dans ses bras,
Et tu disois à Dieu, * *Ne me laisse ici bas*

---

* Paroles que M. l'Evêque de Soissons, premier aumônier, nous a conservées *comme dépositaire*, nous dit-il, dans son Mandement pour le *TE DEUM* sur la Convalescence du Roi.

Qu'autant qu'à mes Sujets mes jours seront utiles.
Tu le disois, levant au Ciel des yeux tranquilles.
Dans ce moment, ce Dieu s'attendrissant pour nous,
Voulut nous épargner. Hélas! que son courroux,
Si par ce coup terrible il eût puni nos crimes,
Sur une seule tête eût frappé de victimes!

Le Ciel connoît pour nous ta tendresse & tes soins,
Et s'il veut mesurer ta vie à nos besoins,
Qu'ils dureront ces jours dont les nôtres dépendent!
Viens éclairer enfin nos Fêtes qui t'attendent,
Et qui vont préceder celle de l'heureux jour,
Où ce Fils qui partage avec Toi tant d'amour,
Doit attacher aux nœuds d'un auguste Hymenée
Ta joie & son bonheur, & notre destinée.
Que des Fêtes de Paix y puissent succeder.
Mais hélas! est-ce à Toi qu'il faut les demander!
En vain des Conquérans te montrant la carriere,
La Victoire t'y suit, & t'ouvre la barriere:
En vain déja ton nom porte par tout l'effroi,
Et d'orgueilleux remparts s'écroulent devant Toi.
Quand tes braves guerriers, prodigues de leur vie,
Courent verser leur sang, ton ame est attendrie.
C'est à Toi qu'il est cher, & le moins précieux,
Lorsqu'il coule, est le sang de ton Peuple à tes yeux.

Grand Roi, tu fermeras les portes de la Guerre.
Le Ciel qui nous protége en Toi, veut qu'à la terre,
Par ses heureux exploits & ses douces vertus,
Louis le bien Aimé rende Auguste & Titus.

Prince, tout se conforme à l'exemple du Maître :
La bonté, la douceur parmi nous vont renaître :
Nos mœurs pures feront notre félicité :
On y verra briller la candeur, l'équité,
L'amour & le respect qu'on doit à la Puissance.
Ah ! servir ce qu'on aime, est-ce une obeissance ?
Sous un Roi citoyen, tout citoyen est Roi.

Que ce lien si rare entre le Peuple & Toi,
A nos voisins jaloux rend ton regne admirable,
Et qu'à tes ennemis tu deviens redoutable !
Quels secours pourront-ils t'opposer aujourd'hui ?
Est-ce dans leurs trésors qu'ils mettront leur appui ?
Qu'ils connoissent les tiens. Nous t'aimons, tu nous aimes :
Du Pere & des Enfans les trésors sont les mêmes.
De nouveaux vagabonds à grands frais appellés
Pour soldats contre Toi seront-ils rassemblés ?
Repose-Toi sur ceux que tant d'ardeur dévore.
Ou, si la foudre en main, tu veux partir encore,
Pour marcher avec Toi, nous serons tous soldats.
Souverain de nos cœurs, dispose de nos bras.

Pour repeter ces mots combien de voix s'élevent !
Quels transports ! Je m'arrête, & tes Peuples achevent.

Permis d'imprimer A Paris le 22. *Octobre* 1744.

De l'Imprimerie de J. B. COIGNARD, Imprimeur du Roi. 1744.

www.ingramcontent.com/pod-product-compliance
Lightning Source LLC
Chambersburg PA
CBHW061959070426

42450CB00009BB/2275